CB139189

Capivari-SP - 2022

EDITORA EME

© 2022 Alberto Centurião, Aldrey Maris, André Luiz Pinheiro, Carolina Medeiros, Cleiton Freitas, Cris Rochavetz, Cristiane Lopuch, Daniela de Oliveira Coimbra, Edilson Costa, Edivania Figueredo Rodrigues, Edna das Dores de O. Coimbra, Elciomar Rocha, Elenita Pereira, Eny Cristina da Silva Souza, Euvaldo Lima, Fabio Granville, Fabricio Alexandre Sanas, Iza Cristina Moreira Siqueira, Iza Santos, Jordan Alencar, Julis Orácio Felipe, Jussara Cioffi, Klaus Faryj, Lazara Alves, Luciana de Lima Barreto, Mair Oliveira Soares, Manu Rochavetz, Maurício Leal, Nijinska Nelly Silva de Medeiros, Nilson José de Castro Filho, Nina Lisboa, Paty Bolonha, Priscila Mendes Gobbi, Renilson Lima, Ricardo Gerstner, Rosana Rochavetz, Sara Regina S. Albuquerque e Tarcio Costa.

Os direitos autorais desta obra são de exclusividade dos autores.

A Editora EME mantém o Centro Espírita "Mensagem de Esperança" e patrocina, junto com outras empresas, instituições de atendimento social de Capivari-SP.

1ª edição – novembro/2022 – 1.000 exemplares

Edição e distribuição: **EDITORA EME**
Telefones: (19) 3491-7000 | 3491-5449
Vivo (19) 9 9983-2575 | Claro (19) 9 9317-2800
vendas@editoraeme.com.br – www.editoraeme.com.br

Dados Internacionais de Catalogação na Publicação (CIP)
(Câmara Brasileira do Livro, SP, Brasil)

Uma oportunidade chamada vida. -- 1. ed. --
Capivari, SP : Editora EME, 2022.

Vários autores.
ISBN 978-65-5543-084-4

1. Fotografias 2. Poesia brasileira 3. Vida.

22-134962 CDD-B869.1

Índices para catálogo sistemático:

1. Poesia : Literatura brasileira B869.1

Aline Graziele Benitez - Bibliotecária - CRB-1/3129

O garimpo

O Garimpo é um periódico mensal de Poesia e Espiritismo.

Todo segundo sábado do mês é lançado um novo volume e publicado no blog Garimpo Poesia e Espiritualidade e nas redes sociais do Garimpo.

Sua distribuição é on-line e gratuita. A equipe editorial está sempre atenta à produção dos poetas encarnados e desencarnados, retratando esse conteúdo em suas páginas.

Um desdobramento do Garimpo foi a criação de um grupo de WhatsApp chamado **Espiritismo e Poesia**, onde os poetas trocam ideias e compartilham poemas.

Dessa troca de ideias nasceu o Coletivo de Poetas Espíritas, um grupo de mobilização voltado para o aprimoramento dos poetas espíritas e a divulgação de sua poesia.

O projeto *Uma Oportunidade Chamada Vida* nasceu do encontro dos poetas unidos pelo Garimpo e difundiu-se, agregando novos participantes.

Conheça o Garimpo!

garimpo_poesia_espiritualidade
garimpopoesia

Apresentação

Por muito tempo foi tabu falar sobre a morte, falar sobre suicídio era mais difícil ainda. Felizmente, a vida muda e os assuntos importantes vêm à tona.

A sociedade está em movimento a favor da vida e os poetas espíritas participam e apoiam esse movimento.

O livro *Uma oportunidade chamada vida* nasceu da espontaneidade dos autores. Muitos usaram seus versos para incentivar e valorizar a vida, esses poemas em 2021 ganharam vida na primeira edição, na forma de e-book, audiobook e livro impresso. Esse material ganhou o mundo! Recebemos relatos profundos de leitores, vimos o livro em lives, em saraus e eventos de prevenção ao suicídio.

Estamos lançando o segundo volume do livro.

Em 2022, a obra conta com a participação de fotógrafos, que enviaram imagens representando valorização da vida.

Os poetas se inscreveram e escolheram a imagem para acompanhar o poema. Posteriormente enviaram seus poemas.

Em setembro lançamos essa obra que, para nós, vale ouro. Para essa criação tudo é planejado: o chamamento dos poetas, a escolha dos poemas, o convite para a participação dos fotógrafos, o layout.

A poesia está em Deus, em Jesus, nos Espíritos Superiores, em nossos Anjos da Guarda.

A poesia está nos textos, nas imagens, no leitor. A poesia está em nós, ela está na vida.

Desejamos que essa poesia inunde o seu ser e renove o ânimo e a esperança.

Cristiane Lopuch e Fabrício Sanas

VIDA

Editorial Pela Vida

Um encontro saudável de amantes da vida e da arte de “poetar” para você, leitor, se apaixonar. Esta obra traz uma proposta de apresentar a vida com todo vigor da alma, oferecendo esperança, confiança e calma. Extraímos do nosso sentimento o desejo de acolher por meio de poemas, inundados da salutar energia do perfume da vida em abundância, a sua carência de desejo de viver.

São versos para quem se sente sozinho, sem carinho, desventurado, amargurado, despedaçado, desprezado de si mesmo, e digo, meu amigo, minha amiga, que esses verbos precisam ser desconjugados e descartados do seu vocabulário, do contrário, só irão lhe fazer sofrer. Cada palavra escrita por nós, carrega em si um ‘quantum’ de amor que extrapola os sentidos.

Os poemas, ao serem lidos e absorvidos, podem ser transformados em alento, em energia vital, de importância fundamental para tentar auxiliar você. Não desame-se, não desanime, não desista, amigo, mil vezes não, sua dor tem solução! Desistir não é para você, nem para mim, para quem acredita estar sozinho, sem ninho ou sem valor. Você está aqui agora comigo, com os poetas e desejamos que essas letras, amorosamente colocadas, possam auxiliar em sua caminhada.

Este livro é um apelo de irmão, são pílulas que podem chegar ao seu coração porque a letra traz o princípio da cura. Enquanto perdurar uma sensação ruim em seu íntimo lembre-se da oração, traga de volta a alegria, “segurando na mão” da poesia pela valorização da sua vida. A vida não pode ser destruída porque a morte do corpo não a finda.

Vem conosco vivenciar a obra *Uma oportunidade chamada vida volume 2*, e sinta o amor vibrar, a vida esperançar notas poéticas de energia salutar.

Os Poetas, com muita emoção, oferecem palavras impregnadas de amor que trazem em si o emblema do Cristo Consolador.

Iza Santos

Cassio Carrara - Matão - SP

A Vidraça **da Vida**

Quando embaça a vidraça da vida
É natural!
Não duvide, não reprove
Impossível controlar
Quando lá fora chove

Quando embaça a vidraça da vida
Uma hora passa
E o sol volta a dar o ar da graça
Mas saiba que a chuva
Cai como uma luva
Para a flor que precisa desabrochar
Para a árvore frutificar
Para nossa sede matar

Quando embaça a vidraça da vida
Comece a perceber
O que pode florescer dentro de você
Ninguém, à toa, fracassa
A vida dá oportunidades
Para que o espírito se refaça
Para alguma coisa a gente aprender
A vidraça da vida sempre embaça
Às vezes dá errado o que a gente traça
Mas deixe que o tempo faça sua tarefa
Não blefa com seus sentimentos
Não faça com a chuva, com o vento
Um duelo
Tenha condição de criar ou esperar
Por dias mais amarelos

Quando embaça a vidraça da vida
Não deixe ser em vão
E confie
Que dias mais belos virão!

Fábio Granville - Santos - SP

Supremacia **do Amor**

Há momentos em que a angústia
Fonte de sentimentos conturbados
Encontra um lugar.

A doçura cede espaço à amargura
A alegria deixa-se levar pela tristeza
A insegurança dá espaço ao vazio.

Difícil se torna
Desanuviar o olhar marejado
Embaçado pela dor.

Mas, a janela da ESPERANÇA
Está sempre aberta
Com sua chama acesa
À espera da faísca incendiária do AMOR.

O amor que acolhe
Que aquece
Que alimenta
Que invade a ALMA.

Coração em esplendor
Dilacera o sofrimento
Trincando as amarras sombrias
Que impediam o vislumbrar do futuro radioso.

Água límpida a gotejar
Faz-se LUZ
A transbordar
Em todo SER.

Manu Rochavetz - Curitiba - PR

Quisera Eu

Quisera Eu ter o poder
De abrir a mente tua
E de dentro retirar
O que tanto te angustia.

Quisera Eu ter o poder
De modular teus pensamentos
E em questão de segundos
Extirpar tudo que te faz chorar.

Quisera Eu ter o poder
De chegar ao teu coração
E num abraço fraterno
Fazê-lo bater alegremente.

Como não posso adentrar
Num lugar por ti fechado
Fico aqui a Deus implorar que,
Proteja-te dos maus pensamentos.

Abra um sorriso para a vida
Para que ela possa também te sorrir
Sê alegre, mude seus pensamentos
Module as energias que te cercam.

Escute a voz de dentro de teu Eu
É Deus que está a te chamar
Ame-se incondicionalmente
Que a vida linda e doce a ti sorrirá.

Edivania Figueredo - Cajazeiras - PB

Ednalva Duarte - Franca - SP

Aconteceu **Você**

Poeiras estelares
Em voos espetaculares,
Aconteceu você.

Num pontinho do Universo
Da poesia o melhor verso,
Aconteceu você.

Dia e hora determinada
Bênção e vida sagrada,
Aconteceu você.

E Deus soprou o Amor
E cheio de esplendor,
Aconteceu você!

Você é um ser imortal
Divina luz lirial,
Como só você pode ser.

Cada existência um livro
Você estará sempre vivo,
Não se deixa de viver.

As dificuldades existem
As dores persistem,
Mas ninguém é você.

Preparado para todas as lutas
Nesse mundo de labutas,
Ninguém é igual a você.

Ser de luz e redenção
Tem a força do coração,
E a vitória é certa.

Jamais estará sozinho
Estou sempre do seu ladinho,
Conte com a força do poeta.

Não pense em desistir, fica
A vida é tão bonita,
Porque aconteceu você!

Confia em Deus, vamos
Siga de Jesus os planos,
Nós amamos você!

Fica e vem!

Elciomar Rocha - Curitiba - PR

Ednalva Duarte - Franca - SP

Somos **Sementes**

Lançadas ao solo fértil desta terra, germinamos.
Nem sempre calor.
Nem sempre luz.
Nem sempre água fresca.
É ali, no escuro ventre, onde ganhamos força, onde nos forjamos para brotar.
Este pode ser um tempo de solidão,
mas...
Estamos crescendo.
Preparando-nos para a grande hora.

Espera, pacientemente, como quem aprecia uma sinfonia perfeita.
É o concerto divino.
O fino espetáculo da natureza.
Os dias sombrios preparam para o grande despertar.
A força da semente
é justamente
resistir,
insistir,
para então romper o peso que sobre ela se abate e...
Res-pi-rar...
Desabrochar!
Nascer do profundo
para o mundo!
Florescer!
Frutificar!
Pulsar a vida em plenitude!

Ah, estimada alma...
És promissora semente.
Tens o potencial da bela flor.
Se o momento é de dor...
Não esqueças: tudo é amor!
Para que descubras teu valor.
Teu propósito.
Teu vigor.
Rompe o que te enclausura, embrião divino!
Tal qual plantinha que suporta o envoltório sombrio, certa de que tão logo encontrará a luz...

Assim também tu, alma querida!
Mantém-te resoluta e destemida,
pois após a noite doída,
conhecerás a glória dos que confiam n´Aquele que não vacilou diante da cruz

Nijinska Nelly - Natal - RN

Olha **Jesus**

Alma querida que se aconchega em meus versos,
acorda e abraça o dia sem medo,
e olha as bênçãos que recebes lá dos céus,
reverências a Deus que ama os filhos seus,
não te ligando a quaisquer dos destemperos...

Alma querida avança pelo caminho,
não desanime os espinhos da tua rota,
vê a rosa na lida e te asserena,
toda prova nessa vida é um emblema,
que ostenta no infinito que te brota.

Alma querida, eleva a face, avança,
não te entregues a esta dor da tua cruz,
logo adiante o sol já brilha, como sempre,
a caminhada nós vencemos lentamente,
e se o receio aumentar: lembra Jesus...

Alma querida...

Julis Felipe - Joinville - SC

CANTE A VIDA!
Vem desabrochar...
Que o sol de Amor que
te esepera
Raiou pra te despertar
SINTA, BEBA DA VIDA !

Cassio Carrara - Matão - SP

Canto a **Vida**

Não seja a voz que se cala
Por medo de se conhecer
De descobrir que a força
Que imagina não ter
É uma semente poderosa
Esperando pra nascer

Eleve bem alto
A nota mais aguda da tua dor
E deixe-a livre ao vento na vida
Que a transmuta em Amor

Sim, tu podes!!!

Podes lutar, e vencer com galhardia
Pois a dádiva de cada dia
É o chão que espera o presente
Da tua doce alegria

Dos inimigos supostos
Da tua felicidade
Só tu não sentiu que viver
É um caminho de eternidade

Onde estão tuas asas?

O sem fim do horizonte
Espera pelo teu voar
E no concerto tempo
Que corre em silêncio
Ainda falta o teu cantar...

Lazara Alves - Matão - SP

Sissy Eiko - São Paulo - SP

Luz na **Multidão**

Pelas águas mornas da Galileia,
Surge um barquinho lá no horizonte,
Sob o olhar atento de grande plateia
Trazendo a Luz de inesgotável fonte.

As margens calmas do Genesaré
Recebem o Sublime Pescador,
Cuja voz vem mansa como a maré
Banhando corações de infinito amor.

Você está ali em meio à multidão,
Em busca de entendimento e de luz,
E um doce olhar lhe dirige a atenção,
Quem notou sua dor foi o próprio Jesus.

Você é meu irmão querido, Ele diz
Tudo passa, tenha fé no Pai amado!
É Espírito imortal, um eterno aprendiz
Deus quer te ver forte, feliz e animado!

Nilson Castro - Piumhi - MG

Há vida para a **Vida**

Ainda bem que o Bem ainda é maior que
o mal.
Que a vida faz sentido,
Que é possível sonhar pelo belo, bom,
justo e positivo.
Que a treva é só ausência de luz,
que o frio é ausência de calor,
e o vazio existencial pode ser só a falta de
um pouco de amor.

Que a felicidade é para qualquer um,
na simplicidade de um olhar para o céu
estrelado,
ou na nobreza de um rei coroado, Pode
inclusive já estar ao seu lado,
mesmo que lhe pareça a vida comum.

Sim vale a pena viver, vale a pena lutar,
estar com amigos, com a família, ter um lar.
Vale a pena estudar, conhecer, viajar, ser bom.
Preservar o meio ambiente, praticar a
compaixão, e acreditar em seus dons.

O bem incondicional não espera gratidão.
É doar sem receber,
Respeitar qualquer razão,
É o Bem por Bem fazer,
É sentir "Deus" em você,
é ao mesmo tempo ser o templo e a oração.

Onde a vida é perfeição e o mal jamais vai
vencer.

Paty Bolonha - Curitiba - PR

Eduardo Anunzio - Matão - SP

”

Um coração puro alinhado com

Deus, **torna-se um escudo que**

protege os seus.

“

Fabricio Sanas - Matão - SP

Há vida para a **Vida**

A vida é mesmo muito louca
dias com muita muvuca
dias mixurucas
e dias de perturbar a cuca.
A vida é um impasse
cada dia um novo obstáculo a ser ultrapassado
mas se não for supervalorizado
será apenas uma recordação do passado.
A vida é um constante chorar e sorrir
levantar e cair
parar e seguir
chegar e partir.

E mesmo com essa dicotomia
a vida sempre nos mostrará que há esperança
que há vida para a vida
basta acreditar e não se prostrar.
Porque uma porta se abrirá
um companheiro nos falará
um amigo nos abraçará
e um irmão nos acolherá.
Então teremos a certeza que
Independente da loucura
que possa estar envolvendo a nossa vida
Há amor, há esperança, há vida!

Edna Oliveira - Rio de Janeiro - RJ

A Dor Não **Tema**

Sente cansaço do viver,
A consciência quer apagar,
Já não cabe dentro de você,
Essa dor que quer extravasar?

Ouve acusação e cobrança,
Não vê razão para prosseguir,
Perdeu em si a confiança,
Melhor seria não existir?

Tenho algo para você
Não se trata de receita pronta
O que a faz querer desaparecer
Talvez não seja da minha conta

Não tem relação com religião
Nem com filosofia atual
É sobre a ciência em ação
Comprovando o que é real

Através do meio científico
Livros, estudos e depoimentos
A imortalidade do espírito
É fato contundente

Não nade contra a corrente
Não deixe sua vida se esvair
Viva por você, simplesmente
Morrer, não é deixar de existir

Acredita que merece castigo
Pelo que fez no passado?
Presta atenção ao que replico
"O amor cobre a multidão de pecado"

Talvez, nem você mesmo entenda
A razão da dor que lhe consome
Desista da íntima contenda
Faça as pazes com seu nome

Quero lhe apresentar um Deus
Inteligência Suprema do Universo
Que quer "salvar" os filhos Seus
Para tanto, ofertou Seu verso

Através do Cantor da Boa Nova
Que ao monte das oliveiras subiu
Aplacou a dor da expiação e prova
Com a declamação mais bela que já
se ouviu

As Bem-Aventuranças, o espírito renova
Reserve para você esse poema
Sinta essa forma de vida nova
Abra-se para o amor, a dor não tema

Iza Santos - Itabaiana - SE

Enfim a **Vida...**

A vida aqui só é boa
Quando ninguém se magoa
Finge que está tudo bem
Põe um sorriso no rosto
Esconde estar em desgosto
Pois que a vida é seu vintém

Não fala mal de ninguém
Pensa um pouco mais além
Tem muita fé no futuro
Enfrenta qualquer problema
Tem ser feliz como lema
Não fica em cima do muro

Sem ter receio do escuro
Trabalha e sempre dá duro
É grato à vida que tem
Dela não cobra riqueza
Sem exaltar a pobreza
Dá graças e vive bem

Se convive com alguém
Que parece estar aquém
Do seu avanço moral
Desenvolve a paciência
Lamenta a sua indigência
Não asila em si o mal

Prossegue em seu ideal
De não ver como normal
Um mundo de violência
E segue na mansidão
Melhora seu coração
Agindo com consciência

Nunca evoca a inocência
Em provas de paciência
Ou se sofre prejuízo
De cabeça sempre erguida
Confia e segue na lida
Mantendo firme o juízo

Vê nas perdas um aviso
E ensaia sempre um sorriso
Para na dor não sofrer
Em silenciosa prece
Roga força e agradece
E à fé entrega o viver

De tanto se conhecer
Não se deixa entristecer
Mas não vive em ilusão
Em tudo procura a graça
Sabendo que tudo passa
Não dá vez à depressão

E ao fugir da solidão
Ao caído estende a mão
Em solidariedade
Minimiza os males seus
Faz-se o socorro de Deus
Aos que rogam caridade

E ao ver-se em felicidade
Ao pôr-se a agir com bondade
Enfim aprendeu amar
Não pensa em fugir da vida
Que por Deus é consentida
Mas só o amor faz brilhar.

Edilson Costa - Itabaiana - SE

Simone Maurina - Curitiba - PR

Saber **Olhar**

Amanheceu no horizonte a esperança
O Astro Rei nos alimenta
A luz da vida revigora nossas forças
É tempo de agradecer!

As nuvens passageiras
Encobrem nossos sonhos
DESENGANOS
Deus aguarda por nós.

Fixado na acústica da alma
Assinatura majestosa
Fortalece nosso íntimo
Coragem para continuar.

Aparentemente nublada
Nossa existência é manancial bendito
Oportunidade de renovação
Luz pulsante do Amor.

Problemas, lições, aprendizados
Tudo na intensidade do seu tempo
Os lamentos voam com o vento
E o Sol volta a brilhar.

Brilho de esplendor
Magia da perseverança
Colheita da bonança
Maravilhoso DESPERTAR.

Cris Rochavetz - Curitiba - PR

Cassio Carrara - Matão - SP

Remédio **Santo**

A maior **caridade**
frente ao próprio erro
é perdoar a si mesmo
e esquecer todo mal.

O perdão nos liberta
de algemas pesadas,
abre-nos nova alvorada
de paz, harmonia e **amor.**

Perdão é remédio santo
para as dores e desencantos
dos que guardam rancor...

É a carta de alforria
trazendo plenitude e **alegria**
ao coração sofredor.

Elenita Pereira - Belo Horizonte - MG

asas dentro do quadrado

voos represados

no círculo fechado

abre-se o lugar

o pássaro estremece

voar ou não voar?

Alberto Centurião - São Paulo - SP

Nasci! Re**nasci**!

Hoje, ao abrir os olhos, percebi que teria mais uma oportunidade de aqui estar...
Meu compromisso comigo mesma, foi mais uma vez reafirmado.
Nascer... renascer... todos os dias que aqui estiver.
Afagando e amando meus filhos!
Recebendo e dando carinho ao meu esposo!
Falando com minha mãe mais uma vez!
Fortalecendo meus laços familiares!
Mantendo e conhecendo novas amizades...
Cultivando o meu Jardim!
Cantando e tocando muito. Sempre!
Criando na medida do possível, qualquer coisa.
Uma Música... Um Instrumento musical...
Um pote de amor... Uma nova visão de vida...
Obrigada, por mais uma vez!

Aldrey Maris - Ribeirão Preto - SP

Simone Maurina - Curitiba - PR

Exemplo de **Vida**

Deus nos outorgou
A missão de evoluir
De viver em comunidade
De amar sem distinção
Estando no mesmo ninho
Todos somos irmãos,
Sedentos e famintos
De atenção.
O medo de voar
Nos impede de seguir
Insegurança, depressão
Falta de aceitação
Instinto racional ou não?
Cada um, seu próprio algoz
Buscar aceitação sem se aceitar
Sempre esperando
Sem intenção de alcançar
Comprazendo-nos com as dores
Que nos impedem de lutar
O "Pai" nos ama
Mas de olhos fechados
Não podemos enxergar
"ELE" se faz presente na família
E muitas vezes se faz doer
Impulsionando-nos ao aprender
Toda dor tem sentido
Falta de amor envolvido
Quem quiser viver e amar
Primeiro, precisa se perdoar!

Ricardo Gerstner - Itajaí - SC

Eduardo Anunzio - Matão - SP

Do Lado Esquerdo do **Peito**

Eu preciso de você
Você precisa de mim
E sabendo ser assim
Pior cego é quem não vê
Sendo feliz o que crê
Que eu mais você somos nós
Feitos não pra viver sós
Mas tal como poesia
Que em verso e rima alivia
A dor desse mundo atroz

Eu preciso de você
Você precisa de mim
Pra cultivar um jardim
De flor em flor um buquê
Que alegre sem mais por quê
As tristezas dessa vida
Pra que toda alma perdida
Em luz encontre caminho
E ninguém fique sozinho
Lambendo suas feridas

Eu preciso de você
Você precisa de mim
Pra que possamos enfim
Não mais ficar à mercê
Dessa história clichê
De que o mundo não tem jeito
E eu me dou por satisfeito
Se você contar comigo
E eu ter você como amigo

Do lado esquerdo do peito

Tarcio Costa - Araraquara - SP

André Camargo - São Carlos - SP

Torvelinho

A vida cresce incessantemente
E nossa meta de forma patente
Sempre será seguir em frente
Cultivando a alegria, esperança e confiança

No encontro de carinho
Os traços que alinho
Mostram o caminho da construção
Ao longo dos anos de união
Fruto de eterna ligação através do coração

As marcas ressaltam o trabalho
A divina forja que diariamente o ferro da ignorância eu malho
Muitas vezes eu falho e com o coração em frangalho
Inicio mais um dia confiando sem buscar atalho

Nesse imenso torvelinho
A providência permitiu encontrar um novo sentido
Expresso nos olhos e na paciência criada pela experiência trazendo um novo raiar
Em nova obra a esboçar

A folha branca, o cavalete a tinta e as ideias
Pululam em meu peito de um jeito
Que não sentia há muito o pulsar de algo novo a criar

Bendita arte sempre presente em toda parte
A esse velho abre algo como um portal
E sem igual dá um sinal que a felicidade
Pode estar presente de forma simples em toda parte

Fabricio Sanas - Matão - SP

Quando **eu** Morrer

Quando eu morrer, muitos vão chorar, alguns poucos vão realmente sentir minha falta.
Quando eu morrer, aos poucos deixarei de ser mencionada entre os que ficaram, até que eu seja como a brisa que não volta mais...
Quando eu morrer, terei deixado pra trás coisas fúteis, preocupações inúteis, aquela falta de paz.

Por isso não importa o quanto eu vivi, se morri jovem ou velha, mas sim, como eu vivi, se fui feliz, se fiz feliz, se sorri, se amei, se senti, se me dei.
Importa o que eu fiz, se fui bem, se fui mal, era só aprendiz.
Dessa vida linda, louca, pouca, queria mais vida, outra vida, outra chance, parti, e nas voltas que o mundo dá, na continuidade, no amanhã, na justiça que se fará, no resgate, na pureza, no bem, no fluxo, no porvir, no futuro.
Parti, um sonho se desfez, mas um dia, quem sabe, eu volte outra vez!

Dani Coimbra - Rio de Janeiro - RJ

Desejos **Divinos**

Desejo que a vida seja plenamente vivida
Que as feridas sejam levemente sentidas
Que as mágoas sejam pela vida dissipadas
E que as alegrias sejam todas celebradas

E a vida recebe todos estes desejos
Transformando angústias, solidão e medos
Trazendo esperança para cada momento
E compreensão para cada tormento

Desejo que todo trabalho seja abençoado
E que tenham propósitos voltados para o bem
Que o fruto do trabalho seja compartilhado
Para que os anjos do céu digam Amém

Desejo também alegrias mil
Daquelas que enchem de júbilo, a alma
E transformam a vida desatando nós
Fazendo aflorar o melhor em nós

Estes desejos vêm todos do alto
Eles descem como luz para cada irmão
Não importa se é menino, jovem ou ancião
É o reflexo de Deus que é só compaixão

Iza Siqueira - Rio de Janeiro - RJ

Fernando Petrosky - Curitiba - PR

DA VIDA COLHO PERCEPÇÃO

Com unhas, dentes e coração!

Aprofundar nas emoções de(o) Ser é como arrancar raízes profundas de um emaranhamento denso que te proporciona a **SUTIL ARTE DE ASSUMIR (O) SIM**

A **Brisa**

O dia amanheceu
E vejo você correr.
O som da sua voz
Ecoa pelos corredores
Trazendo vida ao dia.
Perninhas, não firmes,
Querendo ir além do horizonte.
Atravessa a ponte
Pois avistou o campo.
Não importa os obstáculos,
O objetivo é livre ser.
Olhar as aves.
Contar as folhas caídas.
Entre pessoas queridas,
Quer saudar a infância.

Não importa a distância,
Desbrava o verde,
Para ter em mãos
O pompom dos irmãos.
Que alegria!
A brisa ajuda o pequeno menino,
A dar carona
As belas sementinhas.
Lá vai a esperança
Ser depositada ao longe.
Com o tempo,
Será linda plantinha.
Sonho de toda criança,
Faz seu desejo
E espera

Eny Souza - Curitiba - PR

Ednalva Duarte - Franca - SP

Estação

Quando o que nos provoca
Promove desordem
Fica até difícil pensar

Nessa hora melhor esperar
Respirar
Até a tempestade se dissipar...

Quando o que te ataca
Promove um embate
Ficando pesaroso lidar

Nesse momento
Entender que ninguém é perfeito
Saber perdoar

Quando o que nos fere
Promove tristeza
Dor que não supera

Nesse instante lembrar que nesses dias
Esperança é bem-vinda
Tempo de recomeçar

Dor que feriu ou fere
Que magoa ou aborrece
Dando lugar à decepção

É só um instante passageiro
Dentro de uma vida inteira
Rumo à nova estação

Nina Lisboa - Rio de Janeiro - RJ

Árvore da **Vida**

Quando a chuva cai sobre a Terra
Suas gotas luminosas e cristalinas
Se deleitam ao tocar o solo
Percorrendo avidamente seu curso
Levando a vida em abundância.

Somos a árvore da vida
Frondosa e majestosa
Quanto mais galhos, folhas, flores e frutas
Mais nos desenvolvemos.

Buscamos o céu, o sol, a luz e as estrelas
Necessitamos desta união
Cada um ao seu tempo, cada ser em sua função
Trabalhando em prol da perfeição.

O alto nos fascina
Buscamos confiantes as bênçãos
Que recaem sobre todos
Em forma de luzes cintilantes.

E eis que lá está
ELE fazendo chover
Suavizando a dor
Nos envolvendo em amor
Para que compreendamos nosso valor.

Saibamos agradecer
Sem medo ou rancor
Ao Nosso Amado Criador.

Rosana Rochavetz - Curitiba - PR

Simone Maurina - Curitiba - PR

Crepuscular

N'um findar-se do astro sol
Cai a tarde em agonia
Vibra o peito arfante
Na carência de alegria
Cada estrela no céu
É uma joia no véu
De Divina autoria

Mesmo em firmamento d'ouro
Cujo brilho entardece
Há um fio d'esperança
Nesse céu que escurece
Sinta a Divina Mão
Afagando o coração
Que tranquilo adormece

Adormece na certeza
Qu'a esperança não te morre
Deita nos braços da luz
Que no pranto te socorre
Sonha o tempo vindouro
De sossego duradouro
Que a dor passa e corre

Não te esqueças, meu amigo
Que a noite vai passar
E que a esperança é luz
Não te deixes derrotar
Amanhã o irmão sol
Vai brilhar no arrebol
Em luz pra te acalentar!

Renilson Lima - Aracaju - SE

André Luiz Pinheiro - Rio de Janeiro - RJ

Despertar

Pela multidão desregrada transito, sou aceito e me identifico
Não obstante, sinto as dores da mente em conflito
Mascaro no álcool o vazio, a solidão e a ansiedade
Pesa a despedida da juventude que não mais me pertence
E por mais que eu tente equivocadamente que a droga me recompense
A depressão, sem dar tréguas, retoma as rédeas e me vence

Náufrago num oceano de orgulho e vaidade
Sei que naveguei por décadas bem distante dos mares da humildade
Onde só importava a minha própria felicidade
Hoje, sem bússola e direção
Padeço em busca de minha real identidade

Vivi por muitos anos encarcerado num mundo de ilusões
Num denso lodaçal que paralisava a minha percepção da verdade
Quando penso em todo tempo perdido, ancorado na iniquidade
Onde estaria a liberdade?

Agora, rogo aos arautos da divindade
Bênçãos, dádivas e o perdão
Mas nas fileiras da caridade
Confesso que nunca estive à disposição

Mas, descobri um pai de infinita bondade
Que ao perceber as lágrimas brotarem do meu coração
Clamando por encontrar minha melhor versão
Me ofereceu o caminho da caridade
Com uma doce e singela reflexão:

Alma querida, escuta!
Nunca estará só nessa luta
Não se cobre tanto
Isso também passará
Para o nosso criador
Todo o espírito é santo

Ora, vigia e avança nas sendas da esperança
Tua alma boa um dia alcança as praias da perfeição
Seja prova ou expiação
Todo mal que te permeia
É abençoada candeia
A iluminar tua evolução

Bendizes teu sofrimento
E guarde a fé sem lamento
Reflita o que a dor te ensina
O convite à disciplina
Que por hora te foge à razão

Busque sempre o trabalho no bem
Servindo cada dia um pouco mais
Matando a sede e a fome de alguém
Encontrará tua verdadeira paz

Mauricio Leal - Rio de Janeiro - RJ

Quem **Nunca**

Quem acaso já não quis
Livrar-se de uma grande dor?
Quem nunca se viu, um tanto infeliz,
Quem sabe, por falta de amor?

Quem nunca se exasperou
Por sentir o futuro incerto?
Quem nunca esperou
O abraço no momento certo?

Quem nunca se perguntou:
Por que visita-me a tristeza?
Quem nunca escorregou
Numa ausência de delicadeza?

Quem nunca contraiu
Dívidas bem amargas?
Quem já não se sentiu
Fraco perante as cargas?

Quem nunca temeu doenças?
Quem nunca sofreu
Por tristes desavenças,
Ou por alguém que já morreu?

Quem nunca desejou ter
Talvez o corpo ideal?
Quem nunca desejou viver,
Quem sabe, num mundo surreal?

Mas...

Encarar a vida e seus temperos,
(Nem sempre saborosos)
É evitar futuros desesperos,
Tornando-nos mais ditosos.

E...

Quem nunca passou por nada,
Ou quem nunca viveu dificuldade,
Ou é pessoa "auto-ilusionada",
Ou teme a própria realidade.

Acreditemos...

A vida é sagrado presente,
Vezes amarga, vezes agradável,
Cada um sabe o que sente,
Mas somos força imensurável.

No amigo ou em nosso interior
Busquemos o apoio necessário,
Confiemos no dia posterior,
Comemoremos cada aniversário.

Juntos se ajudando,
Sigamos nesta lida,
Com o Pai nos amando
Agradeçamos pela vida.

Klaus Faryj - Matinhos - PR

Sissy Eiko - São Paulo - SP

Juntos Somos mais Fortes

Sou filho da humildade
do Nordeste, do povão
e a minha comunidade
desde a minha tenra idade
vive a discriminação
com a sina cheia de cortes.
Na poesia, nos esportes
encontrei paz, compaixão
e a célebre lição
que juntos somos mais fortes.

O preto, o de pouca altura
o careca, o banguelo
o que não tem um chinelo
ou não tem farta leitura
na avaliação é zero.
Não tem direitos a suportes
e comumente suas mortes
são uns mistérios profundos
e convenço-me a cada segundo
que juntos somos mais fortes.

Querem até nos obrigar
seguir tal religião
impor-nos em quem votar
torcer por tal seleção
até quem se diz cristão
muitas vezes dita os nortes
escala as idas, os transportes
pra não sermos abusados
unamo-nos conscientizados
que juntos somos mais fortes.

Que os tidos por pequeninos
nas diversas situações
vivenciem os ensinos
e as recomendações
façam da consciência sinos
seja o amor de sul ao norte
da paz o real suporte
dos invisíveis, voz, mão,
por gesto mostre a nação
que juntos somos mais fortes.

Euvaldo Lima - Nossa Senhora da Glória - SE

Neia Pereira - Matão - SP

É um andar solitário
em meio à multidão uma
busca que não cessa!
Me desconheço
não me basto.

Ando de um lado para o outro
e não me acho
Estou perdida
em minha própria vida!
Para seguir
me apoio na esperança.

Mair Soares - Curitiba - PR

Levante

LEVANTE!...
Segue adiante!...
Olha para o alto,
acima das suas dores,
existem flores
das mais belas cores.
Existe sempre
uma esperança!...
E cada dia
traz a certeza,
de que sim!...
Existem desafios,
mas eles são os alicerces,
da construção da felicidade
que te espera
nos portais do tempo,
trazendo a cada segundo
o despertar de
uma nova chance
para recomeçar!
Levante o olhar,
recicle o sentimento,
valorize este momento!...
PARE!...
REFLITA!...
E atenda ao apelo da vida:
FICA!

Lu Barreto - Campinas - SP

Chegaste

Chegaste...
...mãe terra
com flores,
embelezando o amanhecer.
Essência.
Gratidão.
Abelhas...
bailando hipnotizadas
com o perfume da natureza.
Pássaros...
cantos
galanteios
provocações
continuidade
existência.
Frutos...
abundância
colheitas.
Tempo de germinação.
Folhas...
delicadas soltas ao vento,
como lembranças
nas brincadeiras
rodas de cirandas
refugiados em suas sombras.
Ciclos da vida... Chegastes...

Jussara Cioffi - Matão - SP

Cleiton Freitas - Brasília - DF

Se a incerteza de **viver**,

Te percorre o ser.

Respira e observa a **natureza**,

Que **cresce**, sobrevive e produz.

Como um hino de rara **beleza**,

Pelos fios invisíveis da **luz**.

Nós **não estamos** desamparados,

Não se deixe perder a **esperança**.

Tenha certeza que somos **auxiliados**,

Por **Deus** que nos ama e nos dá **confiança**

Cleiton Freitas - Brasília - DF

Foto: www.pxhere.com

A jovem passa o batom
E por trás do vermelho sorriso
Esconde a terrível depressão
Que assola seu coração.

Aquele vazio retumbante
Aquela dor excruciante
Que a ninguém ousa dizer
Pois quem iria compreender?

Confusa e atormentada
Deseja tudo findar
E com o sofrimento acabar.

Do alto, naquela ponte
Já pronta para pular
Vê um cãozinho em desabalada carreira
E ouve um grito desesperado:
– Segure-o, ele escapou da coleira!

Naquele instante, sem mesmo pensar
Desiste do nefasto intento
Estende os braços
Para o assustado cãozinho apanhar.

Um senhor de meia idade
Quase a tropeçar a correr
E esbaforido em lágrimas
Se desfaz ao agradecer:
– Salvaste meu fiel amigo
Nada tenho para te dar
Mas aqui está meu cartão
Sou psicólogo de profissão
E podes me procurar
Que te atenderei sem nada cobrar.

Após a despedida, a moça segura o cartão
E fica a pensar: "Será que Deus ouviu sua
oração? "
E resolve então tentar
E essa ajuda divina não recusar.

Quem sabe o novo amigo
Pode lhe ajudar a lidar com a depressão
Que lhe quer a vida roubar.

Deus sempre ouve nossa oração
E nunca deixará de nos ajudar
É só com paciência esperar
E sem orgulho o auxílio aceitar.

Sara Albuquerque - Curitiba - PR

Eliana Saraiva - Matão - SP

Olha Amigo

Quantas vezes a dor bate a nossa porta?
Quantas vezes nos sentimos podados?
Quantas amarras rasgam nossa carne?
Com o peso do madeiro, açoitados?

O espinho a nossa carne perfura
Turva nosso olhar cansado
Nos deixando no vazio
Com o pensamento atordoado

Olha Amigo,
Sei que nada é fácil
E tuas lágrimas não posso secar
Mas não te esquece da raiz firme
Que nos convida sempre a amar

Nunca é fácil o caminhar
Mas não perca a confiança
No Pai que a todos os seus filhos
Sempre leva amparo e esperança

Eleva teu pensamento
Como ave que se liberta ao céu
Que dedicada faz seu ninho
E dele cuida com todo carinho se mantendo fiel

Sabendo que a noite chega
É preciso ao lar regressar
Após tantas viagens
Ventos fortes pelas lindas paisagens
Para os que o espera zelar

Então ama, trabalha e perdoa
Como o que na cruz nos ensinou
Pois se de madeira nasce luz
O caminho, verdade e vida é Jesus
Para toda ave que o céu cruzou.

Carolina Medeiros - Campina Grande - PB

Cassio Carrara - Matão - SP

À Vida...

Não se ponha a pensar que o fim é o nada
O nada só existe a ser vazio
Pra que o vazio encontre o desafio
De se iluminar na madrugada...

Não há tristonha pena inundada
De trevas sem ter fim num vão sombrio
Pois, sempre haverá o amor gentio,
Outrora resgatado, pela estrada...

Não se ponha a dizer: - não há mais jeito!
Pois, sempre há uma chama acesa ao peito
No coração que a alma escolheu...

Não há um pranto eterno... Há sem fim
Uma alegria... Um canto serafim
Pois, a vida!... Na morte não morreu!...

André Luiz Pinheiro - Rio de Janeiro - RJ

Recado

Guarda teu coração com muito amor
Olha a si mesmo com carinho
Pois quem não aprende a se amar sozinho
Dificilmente amará alguém

Olha pro céu, abre um sorriso
Deixa aberta a porta do teu ser
Abre o peito para vida
Deixa que ela te conduza no caminho.

A vida é palco onde Deus se manifesta
Estás vivo mais um dia
Este é teu espetáculo particular
Segue firme no caminho
Da tua própria felicidade

Se alguém procura teu ombro amigo
Abre os braços, estende a mão
Sê gentil, ouve com carinho
Pois todos precisam de auxílio

Lembra, o mundo dá voltas
Se hoje, outro é quem precisa de ajuda
Amanhã seremos nós os necessitados
Por isso, acolhe sem julgamento

Quem se dispõe a plantar amor
Colhe alegria no coração
Encontra equilíbrio em meio a criação
E desperta a luz dentro de si

Ressignifica o olhar sobre a vida
E fala pra ela com sinceridade:
Te amo, te quero, te aceito
Com certeza ela responde com amor
Pois ninguém está sozinho.

Jordan Alencar - Vitória - ES

Cristiane Lopuch - Curitiba - PR

Observemos

Por vezes sofremos
os golpes duros da vida nessa
hora imaginamos
que para a dor não há saída.

Observemos as ondas do mar
que golpeiam a rocha na costa
ela apanha, sofre, é modificada
o trabalho é a sua resposta.

A água bate forte
altera a sua estrutura
nessa maré agitada
a pedra abriga fartura.

Observemos a terra parada
num vaso ou vasto jardim
ela endurece e nada fornece
a infertilidade não é o seu fim.

A terra quando arada
Sofre os cortes da enxada
é ferida, revirada
para frutificar é preparada.

Os momentos difíceis
preparam para o porvir
reparam o que passou
fazem o ser evoluir.

Nessa vida temos certeza
que valiosa é a existência
para ninguém a alegria é perene
para todos se finda a tristeza.

Meu irmão, aguente firme
esse difícil turbilhão
mesmo que a vida doa
viver é a melhor opção.

Cristiane Lopuch - Curitiba - PR

Nossos **Fotográfos**

André Camargo
São Carlos - SP

André Luiz Pinheiro
Rio de Janeiro - RJ

Cassio Carrara
Matão - SP

Cleiton Freitas
Brasília - DF

Cristiane Lopuch
Curitiba - PR

Eduardo Anunzio
Matão - SP

Eliana Saraiva
Matão - SP

Fabricio Sanas
Matão - SP

Fernando Petrosky
Curitiba - PR

Ednalva Duarte
Franca - SP

Neia Pereira
Matão - SP

Simone Maurina
Curitiba - PR

Sissy Eiko
São Paulo - SP

Nossos **Poetas**

Minas Gerais

Elenita Pereira - Belo Horizonte
Nilson José de Castro Filho - Piumhi

Paraná

Cristiane Lopuch - Curitiba
Cris Rochavetz - Curitiba
Elciomar Rocha - Curitiba
Eny Cristina da Silva Souza - Curitiba
Klaus Faryj - Matinhos
Mair Oliveira Soares - Curitiba
Manu Rochavetz - Curitiba
Paty Bolonha - Curitiba
Rosana Rochavetz - Curitiba
Sara Regina S. Albuquerque - Curitiba

Rio de Janeiro

André Luiz Pinheiro - Rio de Janeiro
Daniela de Oliveira Coimbra - Rio de Janiero
Edna das Dores de O. Coimbra - Rio de Janeiro
Iza Cristina Moreira Siqueira - Rio de Janeiro
Maurício Leal - Rio de Janeiro
Nina Lisboa - Rio de Janeiro

Paraíba

Carolina Medeiros - Campina Grande
Edivania Figueredo Rodrigues - Cajazeiras

Nossos **Poetas**

Rio Grande do Norte

Nijinska Nelly Silva de Medeiros - Natal

Santa Catarina

Julis Orácio Felipe - Joinville
Priscila Mendes Gobbi - Florianópolis
Ricardo Gerstner - Itajaí

Espírito Santo

Jordan Alencar - Vitória

Distrito Federal

Cleiton Freitas - Brasília

São Paulo

Alberto Centurião - São Paulo
Aldrey Maris - Ribeirão Preto
Fabio Granville - Santos
Fabricio Alexandre Sanas - Matão
Jussara Cioffi - Matão
Lazara Alves - Matão
Luciana de Lima Barreto - Campinas
Tarcio Costa - Araraquara

Sergipe

Iza Santos - Itabaiana
Edilson Costa - Itabaiana
Euvaldo Lima - Nossa Senhora da Glória
Renilson Lima - Aracaju